Dos Hermanas Gemelas

Basado en personajes reales

Versión en español

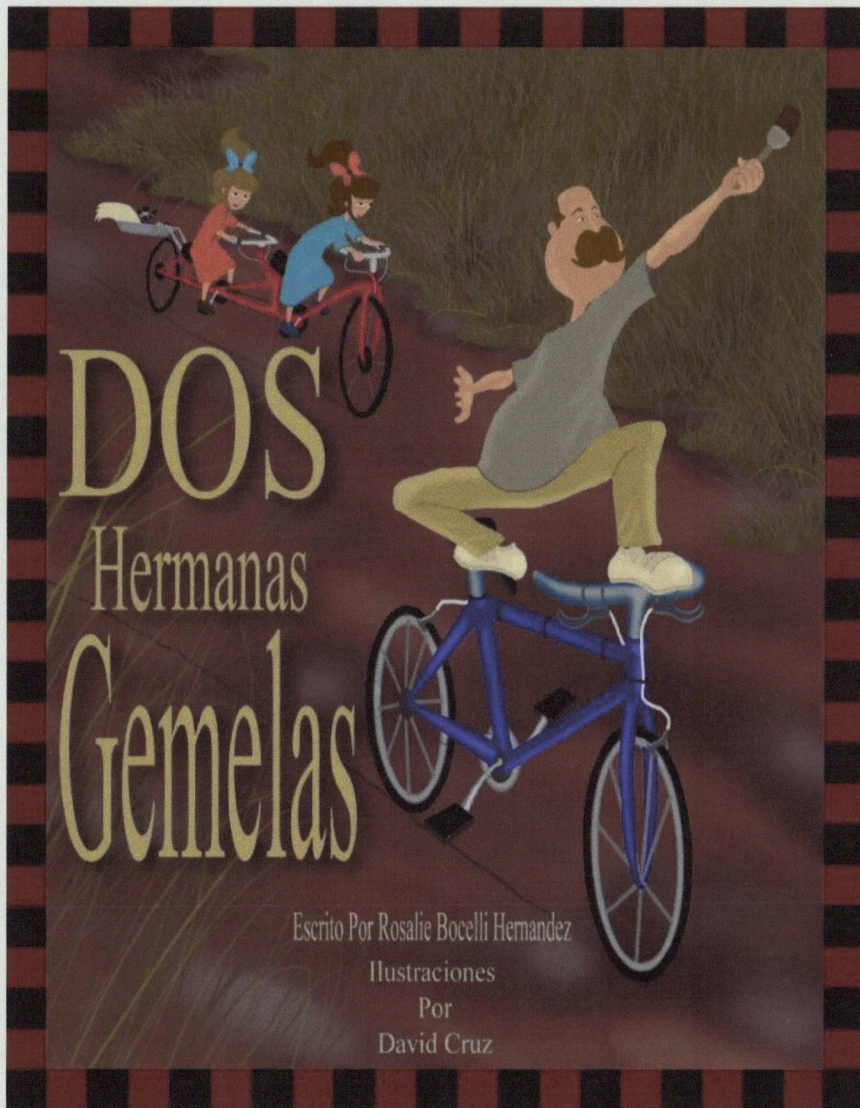

DOS

Hermanas

Gemelas

Escrito Por Rosalie Bocelli Hernandez

Ilustraciones

Por

David Cruz

Revisado: August 2017

Derechos Reservados © 2015 Rosalie Bocelli-Hernández
Diseño e Ilustraciones por: David Cruz
ISBN 978-0-9908444-8-8
Versión en español

Dedicatoria

Dedico este libro a nuestro Creador, por darme la oportunidad de publicar esta obra y por regalarme este talento que Él ha plasmado en mí. A mi esposo Carlos por su gran amor durante todos estos años; y a mis dos hijos: Carlos Daniel y Gabriel Sebastián que han sido un regalo de Dios y la luz de mi vida. A mi primo hermano, David Cruz quien fue un instrumento de Dios e interpretó mis ideas a través de las ilustraciones de esta obra trabajando largas horas.

Quiero también agradecer a mi hermana Lourdes G. Rodríguez por creer que éste libro dejará una huella en el corazón de muchos niños y germinará una motivación en ellos para desarrollar sus *talento*s. A mi hermano Miguel A. Rodríguez por todo su apoyo y dedicación.

También dedico este libro, al Dr. Larry Woods a quien Dios utilizó para motivarme en terminar la publicación de esta obra.

Dedico este libro a mis dos lindas gemelas; Cristina y Milagros por dejarme plasmar su legacía y ser la fuente de mi inspiración.

Nota importante: No se pierda esta historia, la tenemos disponible en inglés y bilingüe (inglés y español); está en libro impreso y en libro *electrónico (e-book)*.

Capítulo 1

Observaba a mi abuelo todas las mañanas, cuando se montaba en su bicicleta y recorría las praderas buscando un paisaje **al que pintar. Estaba muy pendiente de la luz, especialmente la luz del amanecer.**

El contemplaba **como los rayos del alba acariciaban la naturaleza con la luz del Creador. En las noches esperaba ver salir la luna, que al aparecer en el** firmamento **lleno de estrellas se miraba en el espejo del** riachuelo. **El pintar la naturaleza y sentirse parte de ella era el mayor deleite de abuelo Félix.**

Una tarde, abuelo Félix me dijo —Milagros, ya es tiempo que tu hermana Cristina y tú, me acompañen a pintar, — señalando el *panorama* — todos estos escenarios que posee nuestro lindo *Puerto Rico*. — Me miró fijamente a los ojos y continuó diciendo — Ya es tiempo que comencemos a trabajar con los *talentos* que ustedes tienen.

Abuelo Félix era un hombre de carácter fuerte y muy decidido. Estaba lleno de vigor y sobre todo poseía una gran destreza para pintar y dibujar. Tan pronto abuelo Félix se fue, salí corriendo en busca de mi hermana, para darle la buena noticia. Cuando la encontré, le dije con voz llena de emoción:

—Cristina, ¡abuelo Félix me dijo, que nos va a enseñar a dibujar!

Sabía que esta noticia llenaría de gozo a mi hermana Cristina, ya que desde muy pequeña le gustaba el dibujo y la pintura. El rostro de mi hermana reveló una gran sonrisa que a su vez se reflejó notablemente en sus grandes ojos color café.

—¿Abuelito dijo eso?

—¡Sí! – le respondí.

Ese día fue un momento muy especial para mi hermana Cristina, ya que Dios había contestado su oración. Ella anhelaba aprender a dibujar y pintar esa naturaleza perfecta creada por Dios.

Capítulo 2

Aunque Cristina y yo éramos gemelas idénticas, no éramos iguales físicamente. Cristina se parecía más a mi mamá Milagros, mientras que yo me parecía a mi tía Carlota.

El día de nuestro nacimiento fue un día muy hermoso, nuestros padres estaban radiantes de la alegría y no dejaban de dar gracias al Señor. La sala de parto estaba repleta de risas al saber que éramos dos niñas gemelas y que disfrutábamos de buena salud.

Después de varios meses, mamá y papá nos presentaron al Señor en la iglesia. Todos en la congregación estaban tan contentos por los nuevos miembros que se habían unido a la gran familia de Dios.

Papá José nació en una de las Antillas Mayores, la *República Dominicana,* y mamá Milagros en la isla de *Puerto Rico.* Estas dos son partes de las hermosas perlas que Dios colocó en el Mar Caribe.

Papá, en uno de sus viajes a *Puerto Rico,* conoció a mamá. Su cariño y *caballerosidad* conquistaron el corazón de ella y unos años más tarde, se casaron.

Mamá era una gran señora, fue admirada por muchas personas y especialmente nosotras, sus hijas. Era una mujer de aspecto hermoso y sus grandes ojos verdes embellecían su rostro.

Su inteligencia y *talentos* fueron expresados a través de sus diseños y la *alta costura.* Recuerdo que ella siempre nos decía — Todos los talentos que nosotros poseemos son regalos de Dios. Y todo lo que hacemos con ellos, lo hacemos para la Gloria de Dios.

Capítulo 3

Todas las mañanas abuelo Félix buscaba el escenario **perfecto al que pintar. Entonces en la tarde descendíamos tras él, en nuestra vieja** doble-cleta. **Por supuesto, no podía faltar en nuestra** valija **la pintura, pinceles y la libreta para dibujar.**

Abuelo nos enseñó a ver la obra maestra **del Creador. A sentir el respirar de la naturaleza, a ver detalles que antes no** capturaban **nuestra atención. Nos enseñó a ver el** rocío de la mañana **sobre las hojas, a observar el** germinar **de las flores en la verde** pradera. **También, la quietud del lago y la turbulencia del riachuelo.**

Nos enseñó a contemplar **la luz, que al caer sobre las hojas destilaba diversos tonos de color verde, amarillo y color café. Toda esta belleza que vestía la verde pradera y las copas de los árboles era, ¡la obra perfecta de Dios!**

Comencé a sentirme parte de aquella naturaleza. Más tarde pude entender que aquel sentimiento venía de Dios. Porque el hombre fue formado de la tierra y a la tierra el hombre regresaría. Que lo más importante era el sentimiento del alma y ese contacto con la naturaleza y el Creador.

Una tarde hice una red de papel y corrí por la pradera tras una hermosa mariposa que poseía la más sublime belleza. Era de color negro, verde, anaranjado y lila. En la punta de sus alas lucía un color azul, pero el azul que encontramos en el fondo del mar. Era tan grande y hermosa que corrí pradera abajo tras ella con mi red de papel.

Después de muchos intentos, logré capturarla. La tomé tiernamente entre mis dedos y toqué sus suaves alas. Noté, que por un instante se quedó inmóvil e indefensa. La miré y le dije:

—Linda mariposa quiero dibujarte, pero sabes, debes quedarte quieta—.

Creo que me entendió ya que permaneció inmóvil por un largo rato. Cuando comencé a dibujarla en mi libreta, pude ver detalles de la perfección de Dios en ella. Antes de soltarla, la acerqué a mi rostro para decirle adiós. Sus suaves alas acariciaron mis mejillas. La besé con ternura y le dije:

—Adiós amiga— y la solté.

En ese mismo momento, pude escuchar la voz de abuelo que me llamaba:

— ¡Milagros, Milagros! — Entonces, fui a su encuentro y me dijo — ¿Puedes mostrarme tu dibujo?

Noté que abuelo observaba cuidadosamente mi dibujo. El vio que había algo que él no podía entender, pero por supuesto, yo sí. Había dibujado la mariposa con el rostro de mi hermana Cristina. Yo había sentido que de alguna manera aquella mariposa y yo pertenecíamos la una a la otra, así como mi hermana Cristina y yo.

Del fruto del amor de mis padres nacimos nosotras: Cristina y Milagros, dos hermanas gemelas. Parecía que poseíamos los mismos sentimientos y compartíamos un mismo corazón. Siempre disfrutábamos al estar juntas, era algo muy sublime.

Capítulo 4

Cuando mi hermana y yo nos convertimos en dos jóvenes adultas, trabajamos en la costura, dibujo y *diseño gráfico* **en el edificio de** *Carlota Alfaro*. Este edificio está ubicado en Santurce, Puerto Rico y lleva el nombre de nuestra tía, [Carlota Alfaro]. Allí, trabajamos por muchos años mamá, mi hermana y yo. Los diseños de mi tía y mamá han llegado a ser reconocidos en Europa, América Latina y en los Estados Unidos.

Abuelo Félix tenía razón al decir que Cristina y yo poseíamos muchos talentos. Hoy día me siento muy orgullosa de abuelo Félix, mi mamá y mi tía Carlota, por todo el tiempo que dedicaron a enseñarnos. Esta ha sido una gran lección que

22

aprendí, y que decidí compartir cuando nació mi hija Misscha Liz. Desde la temprana edad de dos años y medio, comencé a ponerla en contacto con las artes, de la misma manera que abuelo hizo conmigo.

Durante todos estos años, el expresar mis talentos a través del dibujo y la costura, he podido valorizarme. También he aprendido a valorizar y a admirar el talento de otros artistas. Me siento orgullosa de mi hermana Cristina y yo, del gran talento que Dios depositó en nosotras... dos hermanas gemelas.

Oración reconociendo que nuestros talentos son un regalo de Dios

"Señor, bendice a cada niño, padre o maestro, que lean esta historia. Que ellos puedan descubrir los talentos que tú le has dado a cada uno de ellos. Que ellos puedan usarlos en su iglesia, hogar, escuela, o en el trabajo para tu Gloria. Que, mediante el buen uso de ellos, muchos puedan conocer de ti. ¡Gracia por esos regalos que nos has dado! En el nombre de nuestro Salvador y Señor, Amén".

Querido niño(a), recuerda lo que dice la escritura: "Todo lo bueno y perfecto que se nos da, viene de arriba, de Dios, que creó los astros del cielo. Dios es siempre el mismo: en él no hay variaciones ni oscurecimientos," Santiago 1:17 (DHH).

Si te gustó la historia, puedes escribirle a la autora del cuento y escríbele, ¿qué fue lo más que te gustó? y ¿cómo vas a utilizar tus talentos? Escribe a: basedonrealstory@gmail.com

Preguntas:

1. ¿Cuál es el título del cuento?

2. ¿Quiénes son los personajes?

3. ¿Quién narra la historia?

4. ¿Qué fue lo más que te gustó de la historia?

5. ¿Cuál crees tú que es el mensaje del autor?

6. ¿Qué aprendiste?

7. ¿Qué te gustaría ser cuando seas un adulto (grande)?

8. ¿Tienes algún talento o destreza?

   - ¿Dibujas?

   - ¿Pintas?

   - ¿Cantas?

   - ¿Recitas poesía?

   - ¿Tocas algún instrumento musical?
     - ¿Cuál instrumento?

   - ¿Practicas algún deporte?
     - ¿Cuál deporte?

- ¿Otro talento/destreza, que no hemos mencionado?

9. ¿Escribe acerca de tus talentos/destrezas? Descríbelos.

Después de leer esta historia, ¿cómo vas a utilizar o desarrollar tus talentos? Puedes utilizar tus talentos en la iglesia, en tu escuela o aún en tu propio hogar. Pídele al Señor que te ayude a desarrollarlos.

Glosario:

Alta costura – *costura realizada por una persona que tiene mucho talento y que es famoso (diseñador de prestigio).*

Arte – *habilidad, destreza, talento para: dibujar, cantar, pintar, o tocar un instrumento.*

Caballerosidad – *persona cortés, noble, que tiene buenos modales.*

Capturarla – *agarrarla, cazarla, aguantarla*

Carlota Alfaro – *diseñadora puertorriqueña, de alta costura.*

Contemplaba – *veía, admiraba, miraba*

Costurera – *persona que corta y cose un vestido o alguna pieza de vestir como: pantalón, camisa, falda, cortina y etc.*

Depositó- *le dio, le otorgó, le entregó*

Diseño gráfico *– un dibujo en papel o computadora*

Doble-cleta *– bicicleta con dos asientos*

Escenario- *vista, panorama*

Firmamento- *cielo, el infinito*

Gemelas *– dos niños o niñas que tienen el mismo rostro o sus rostros son idénticos o bien parecidos. También se les llaman melliza(o)s.*

Germinar *– formarse, crecer, nacer, florecer*

Indefensa- *débil, impotente, sin poder moverse*

Inmóvil *– sin moverse, quieta*

Lucia *– mostraba*

Obra maestra *– algo muy hermoso, bien hecho, algo que no tiene errores o defectos, que es perfecto.*

Paisaje- *panorama, vista*

Praderas- *pastizal, herbazal, campiña*

Puerto Rico – *isla situada en el Caribe. Es la más pequeña de las Antillas Mayores.*

Red de papel/Cedazo de papel - *colador de papel*

República Dominicana – *es un país que esta situado en el Caribe, era llamada La Española. Pertenece a las Antillas Mayores.*

Reveló- *mostró, descubrió, expuso, enseñó*

Riachuelo – *un río pequeño*

Rocío de la mañana – *gotas de agua que se depositan sobre las hojas, yerba, árboles y flores durante la mañana*

Sublime belleza – *hermosa, bella, algo espiritual*

Talento – *capacidad, talento para hacer algo, don o regalo de Dios*

Valija – *bulto, maleta*

Dibujo

Dibuja en un cuaderno algo que te llamó la atención o te gustó de esta historia.

Nuevos libros para niños y jóvenes publicados en el 2016

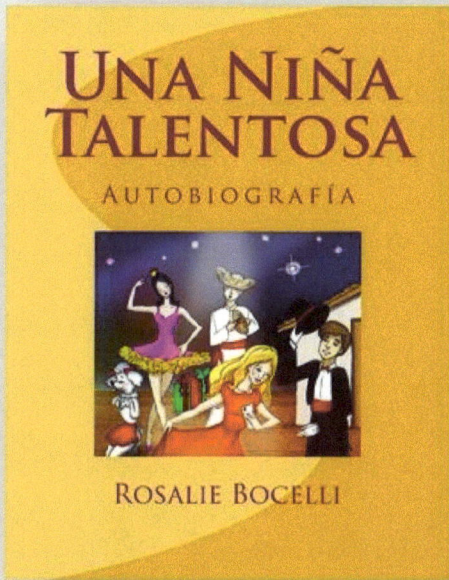

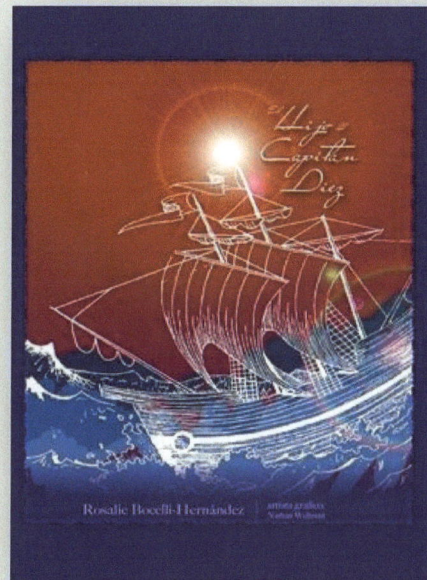

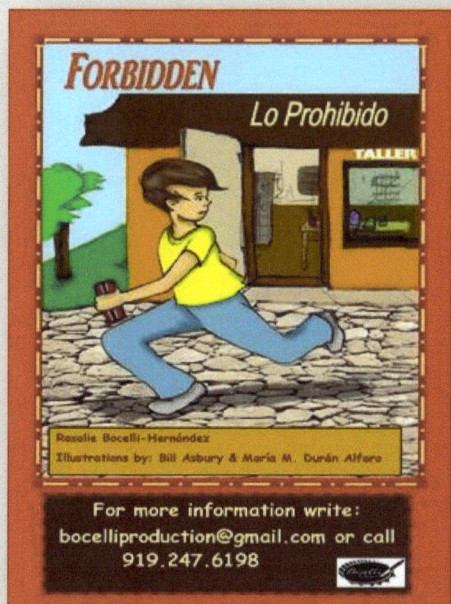

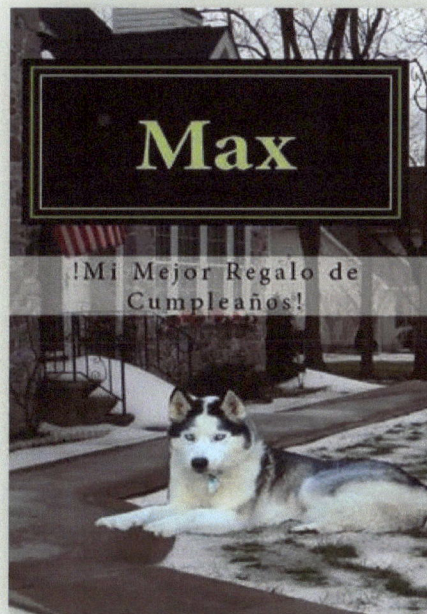

UNA NIÑA TALENTOSA
AUTOBIOGRAFÍA
ROSALIE BOCELLI

El Hijo del Capitán Díez
Rosalie Bocelli-Hernández   artista gráfico: Nathan Wolvert

FORBIDDEN
Lo Prohibido
TALLER
Rosalie Bocelli-Hernández
Illustrations by: Bill Asbury & María M. Durán Alfaro
For more information write:
bocelliproduction@gmail.com or call
919.247.6198

Max
¡Mi Mejor Regalo de Cumpleaños!

Biografía de la Autora

Rosalie nació en una de las islas del Caribe; en Ciales, Puerto Rico. Desde muy pequeña su pasión por las artes vino a ser parte de sus años formativos. Siempre le gustó la actuación, el cantar, el cine, el teatro y sobre todo escribir. A los dieciséis años fue reclutada por un grupo de la iglesia para ayudar a desarrollar historias para niños, que luego fueron transmitidas en una cadena de radio cristiana. En el 1996, Kodak Eastman la contrata para trabajar en Carolina del Norte, EU.

En el 2001, el Sr. Walter Turner, le ofrecen la oportunidad de ser anfitriona de un programa de formato bilingüe que es transmitido en la cadena de Time Warner, hoy llamado, SPECTRUM. Mientras terminaba su Maestría el Dr. Larry Woods, profesor universitario, siembra una chispa en la vida de Rosalie para que ella publique sus obras. Su primera obra lo fue: "Dos Hermanas Gemelas", basado en la vida de dos artistas, María Milagros y Cristina Durán Alfaro. En enero 2016, publica: Lo Prohibido, El Hijo del Capitán Diez, Max, Mi Mejor Regalo de Cumpleaños y Una Niña Talentosa la cual es su autobiografía.

Actualmente Rosalie trabaja en su doctorado en Educación EdD, su meta es llevarle a cada padre un mensaje positivo y proveerles a ellos herramientas para ser utilizadas en los grados formativos de sus hijos.

Dios ha bendecido a Rosalie, con un esposo ejemplar y dos grandiosos hijos: Gabe & Danny. Ella da gracias a Dios por su linda familia y por los nietos que algún día vendrán.

www.ingramcontent.com/pod-product-compliance
Lightning Source LLC
Chambersburg PA
CBHW041221040426
42443CB00002B/45